AF542615

FÉLICIE,

OU

LA JEUNE FILLE ROMANESQUE,

OPÉRA-COMIQUE

EN TROIS ACTES ET EN PROSE,

PAR M. EMMANUEL DUPATY;

MUSIQUE DE M. CATRUFO.

Représenté, pour la première fois, sur le Théâtre de l'Opéra-Comique, le 28 février 1815.

Prix : 1 fr. 50 cent.

La Partition et les Parties séparées se trouvent à l'adresse ci-dessous.

A PARIS,

Chez Madame MASSON, Libraire, Éditeur de Pièces de Théâtre et de Musique, rue de Richelieu, n° 7, vis-à-vis le Théâtre Français.

1815.

PERSONNAGES.	ACTEURS.
BELFORT (*).	M. JULIET.
FÉLICIE, sa fille.	Mlle. REGNAULT.
JULIETTE, sa gouvernante, maîtresse de dessin.	Mad. BOULANGER.
DORIMONT.	M. SAINT-AUBIN.
ÉDOUARD, son fils.	M. HUET.
LORANGE, valet d'Édouard.	M. MARTIN.
ANTOINE, jardinier.	M. ALLER.
LAGAULE, garde-chasse.	M. GRANGER.
Piqueurs, valets.	

Le Théâtre représente un cabinet d'étude, un chevalet, une toilette près d'un cabinet à droite de l'acteur, une fenêtre à gauche, un secrétaire près de la fenêtre, des livres dessus le secrétaire, etc.

(*) *Ce rôle appartient aux premières basses-tailles.*

FÉLICIE,

OU

LA JEUNE FILLE ROMANESQUE,

OPÉRA-COMIQUE.

ACTE PREMIER.

SCÈNE PREMIÈRE.

FÉLICIE (*entrant vivement par le fond*).

Les yeux que je viens de lui faire sont charmans! Comme ils sont doux! comme ils sont tendres!.... Ma bonne elle-même n'a pas encore soupçonné mon secret... Emportons bien vîte ce qu'il me faut pour l'achever! (*Elle va près du chevalet.*)

SCÈNE II,

JULIETTE, FÉLICIE.

JULIETTE (*entrant de côté.*)

Eh bien, mademoiselle, que faites-vous donc là?....

FÉLICIE (*avec embarras*).

Rien, ma bonne, rien! J'arrangeois des pastels!

JULIETTE.

Comment. des pastels! et pourquoi? Je ne sais.....; mais votre embarras cache un mystère, et je parierois que vous êtes encore occupée de quelque idée romanesque!

FÉLICIE.

Des idées romanesques! moi qui n'en ai que de si simples, de si naturelles!

JULIETTE.

Ce ne sera pas ma faute du moins!.... lorsqu'à la mort de votre mère je fus appelée dans cette solitude, pour vous servir de gouvernante et vous perfectionner dans le dessin ; j'ai fait de vains efforts pour vous guérir de cette exaltation, de ces rèveries, dont votre grande cousine à son retour de Londres est venue vous embarrasser l'esprit, en vous rapportant d'outremer, une collection d'aventures extravagantes, qui ne vous ont mis jusqu'ici que des folies dans la tête!

FÉLICIE.

Tiens ma bonne, toutes les fois que nous parlons de romans, tu m'impatientes! tu t'en moques sans cesse, et c'est pourtant depuis qu'ils ont éclairé mon cœur et développé ma raison, que tout dans la nature, offre à mes yeux de nouveaux charmes!.... oh! comme le printemps de cette année m'a paru plus doux que celui de l'an passé....

JULIETTE.

En effet, la température.... nous avons eu beaucoup de pluies!....

FÉLICIE.

Ce n'est pas ça; je veux dire, que je n'éprouvai jamais.... et puis dans les romans, on rencontre toujours des sentimens si délicats et des amans si parfaits!

JULIETTE.

Qu'ils rendent les demoiselles très-difficiles sur les maris!.... apprenez-moi donc à ce sujet, pourquoi vous vous obstinez sans motif, à refuser celui que votre père vous propose!

FÉLICIE.

Comment, tu voudrois que j'acceptasse la main d'un homme qui consent à m'épouser, sans savoir s'il me plaira, si je lui plairai!

JULIETTE.

Tenez Mademoiselle? ce ne sont pas là vos seules raisons, est-ce que je n'étois pas tantôt dans le jardin, lorsqu'appuyée négligemment sur un arbre, et les yeux tournés vers le ciel, vous disiez du son de voix le plus touchant: *Parais amant fidèle!* il est vrai qu'à ce mot de *fidèle*, personne n'a paru!

FÉLICIE.

Comment ma bonne, tu m'écoutois?....

JULIETTE.

Hier soir encore, lorsque selon votre habitude, vous faisiez répéter des mots si tendres à cet écho renommé que l'on appelle dans le canton, l'écho des amoureux, et qui se trouve dans les rochers qui bordent la Durance, là, tout en face de cette fenêtre.... n'ajoutiez-vous pas : *Réponds, toi que j'adore* ! donc ! vous aimez quelqu'un.

FÉLICIE.

Eh bien ! oui ma bonne, j'aime quelqu'un !

JULIETTE.

Et ne pourrois-je enfin savoir quel est celui !....

FÉLICIE.

Peut-être vas-tu me trouver bien déraisonnable; mais dis-moi s'il est une jeune fille, qui n'ait pas songé d'avance au mari qu'elle doit avoir un jour ?

JULIETTE.

Sans être romanesques, nous avons toutes éprouvé cela ! moi la première !

FÉLICIE.

Oui !.... mais ce n'est pas encore tout !.... d'après ce que m'a dit ma cousine, il est prouvé, que nous avons chacun notre semblable..... c'est-à-dire.... qu'il existe toujours.... on ne sait pas où.... mais enfin qu'il existe quelque part.... un être que la nature a formé pour que nous l'aimions ! parceque.... vois-tu bien ... je ne sais pas trop si tu conçois ! mais quand ma cousine en parloit ; c'étoit si clair !....

JULIETTE.

Et c'est cet être là que vous attendez pour vous marier ?

FÉLICIE.

Sans doute !....

JULIETTE.

Et c'est vers lui que votre cœur s'élance avec tant de vivacité ?....

FÉLICIE.

Tous les jours, depuis quelques temps !....

JULIETTE.

Même avant de le connoître ?....

FÉLICIE.

Eh pourquoi pas, ma bonne !....

ROMANCE.

Avec douceur on se repose
Sur l'espoir d'un bien à venir.
De la fleur qui n'est point éclose
D'avance on commence à jouir.
D'un ami le retour sait plaire,
Long-temps avant qu'il ne soit là ! ....
On aime le bien qu'on espère,
Presqu'autant que le bien qu'on a !

Dans l'ombre des nuits, la pensée
S'élance au-devant d'un beau jour ;
Avant d'aimer, l'ame oppressée
Appelle et désire l'amour ;
Par la plus aimable chimère,
Loin du but, on s'y croit déjà !....
Et le trésor que l'on espère
Vaut presque le trésor qu'on a !

JULIETTE.

C'est à merveille, Mademoiselle !.... ainsi vous aimez sans savoir où !.... vous appelliez sans savoir qui !.... voilà certainement un petit mortel fort heureux, sans s'en douter !.... mais dites-moi donc pourquoi depuis quelques jours vous vous enfermez si souvent dans votre pavillon !....

FÉLICIE.

Tu ne croirois peut-être pas, qu'à force de me figurer ce mari, j'ai fini par en rèver !....

JULIETTE.

Bah ! vous l'avez vû !

FÉLICIE.

Pénétrée de cette image charmante qui ne me quittoit plus, même pendant le sommeil !....

JULIETTE.

Après !....

FÉLICIE.

Je l'ai trouvée si ravissante en dormant, que pour en conserver plus sûrement le souvenir !....

JULIETTE.

Eh bien ?....

FÉLICIE.

Je l'ai dessinée secrettement !.... c'est bien la plus jolie figure !....

JULIETTE.

En vérité !.... son portrait !.... et m'en avoir fait un mystère, à moi, votre maîtresse de dessin ! j'ai droit sur les amans en peinture, il faut me le montrer, Mademoiselle !

FÉLICIE *(devenant rêveuse par degré)*

Si tu savois avec quel charme je m'en occupe !.... quelquefois je me persuade qu'il est déjà près de moi !,... qu'il tombe à mes pieds !.... au moindre bruit il me semble !....

JULIETTE.

Attendez !....

FÉLICIE.

Quoi donc ?....

JULIETTE.

Non, ce n'est pas encore lui !.... mais c'est Monsieur votre père !....

FÉLICIE.

Oh ! ciel ! garde-toi bien de lui dire !

JULIETTE.

Eh Mademoiselle ! que de pères et de maris dans l'allégresse, si les dames et les demoiselles n'avoient que des amans comme le vôtre !.... mais la mode n'en prendra pas !....

FÉFICIE.

Paix donc !....

SCÈNE III.

FÉLICIE, BELFORT, JULIETTE.

BELFORT (*en entrant*).

Lâchez Radhamante, découplez la meûte, et que l'on vienne m'avertir dès qu'il sera levé !

JULIETTE.

De qui parlez-vous donc, monsieur !

BELFORT, (*gaîment*).

D'un chevreuil auquel je vais porter l'invitation de se trouver aux nôces de ma fille ! Il y viendra !...

FÉLICIE.

Cependant, mon père, si je ne puis aimer ce jeune homme !

BELFORT.

Tu l'aimeras ; toutes les femmes l'aiment, à ce qu'on dit !...

FÉLICIE, (*s'impatientant*).

Oui, mais on dit aussi qu'il aime toutes les femmes !..

BELFORT.

Eh bien ! te voilà certaine d'être aimée, c'est charmant !...

FÉLICIE.

Mais, avant de songer à ce mariage, vous assuriez-vous même qu'il avoit fait toutes les folies !...

BELFORT.

Tant mieux ! pour faire quelque chose de neuf, il n'aura plus qu'à devenir sage !... plus d'objections, je t'en prie, tu ne l'as jamais vû, ni moi non plus ; mais tu sais que c'est Dorimont qui m'a vendu cette terre, il est survenu des difficultés pour des remboursemens, des arrérages; le papier timbré circule : aussitôt j'écris à Dorimont, je lui dis : mon ami, point de procédure : sauvons la terre et l'amitié; chassons les procureurs, et l'hymen pour arbitre! Il accepte la proposition, rappelle son fils de l'armée, répond de lui, je réponds de toi, je les attends demain, peut-être aujourd'hui : je te demande, à présent, s'il est possible!...

FÉLICIE.

Vouloir me faire épouser un homme, qui croit qu'il suffit de se faire présenter..... par un père!

BELFORT.

Comment, par un père! et par qui diable voulez-vous donc?..... prenez-y garde, ou vous pourriez me faire soupçonner!... on vient de m'avertir qu'au lever du soleil, on avoit vû sur la route un jeune militaire; un officier de fort bonne mîne, à ce qu'on assure! Cette campagne est écartée!.......... l'on ne vient point ici par hasard, on ne s'informe pas sans desseins!....... depuis quelque temps, je vous trouve rêveuse, mais ce n'est pas moi que l'on trompe, et si jamais quelque galant!....

FÉLICIE.

Je vous jure, mon père, que je n'ai vu personne!...

BELFORT.

D'où naissent alors ces préventions, ces refus?........ L'amour est-il d'ailleurs une chose si nécessaire, et mille honnêtes femmes ne se sont-elles pas mariées sans amour, à commencer par la mienne!...

JULIETTE.

Comment, monsieur, madame votre femme n'étoit pas amoureuse de vous!...

BELFORT.

Non, mademoiselle, elle ne l'étoit pas, et ne l'a même jamais été!

JULIETTE.

Ne vous fâchez pas, monsieur, je vous crois!.....

FÉLICIE.

Mais, mon père, est-ce une raison, pour que je ne sois pas amoureuse de mon mari?...

BELFORT.

Je ne t'empêche pas de l'être; si tu ne l'es pas, eh bien! tu l'estimeras, comme tant d'autres!...

COUPLETS.

Je ne vis que chez le notaire
Celle que m'enchaîna l'hymen ;
Le dieu qu'on adore à Cythère
Ne me présenta point sa main.
Peut-on compter, lorsqu'on est sage,
Sur un compagnon de voyage
Qui meurt souvent le lendemain,
Ou vous laisse à moitié chemin ?
De tous les biens le plus prospère,
Sans l'appui de ce vaurien-là,
N'en vient pas moins charmer un père !
(*A Juliette, montrant sa fille.*)
La preuve, c'est que la voilà !!!

(*A Juliette.*)
On peut faire excellent ménage ;
Sans que l'amour y soit pour rien,
Et les dettes du mariage
Ne s'en acquittent pas moins bien.
Je respectois beaucoup ma femme,
Je l'appelois toujours, madame !
Point de douceurs, point de fadeur;
Toujours, madame, j'ai l'honneur...
Et veuillez permettre, madame!....
Et ma femme, malgré cela,
N'en a pas moins été ma femme !....

(*Montrant sa fille.*)
La preuve, c'est que la voilà !!!

SCÈNE IV.

Les mêmes. ANTOINE.

ANTOINE.

Monsieur, Pelage l'a levé, Concordant l'a ramené, Lagaule et Rustaut n'attendent plus que vous pour le lancer.....

BELFORT.

Je les joins à la minute, ... *(à part)*. Cependant l'étranger m'inquiète, et je crois qu'elles se font des signes ! *(à Antoine)*. Approche, Antoine ; je vais emmener tous mes gens, et laisser les grilles ouvertes ; si l'officier dont tu m'as parlé, ce matin, est un amoureux, il voudra profiter de mon absence, pour s'introduire, ... laisse-le pénétrer !.... fais-le surveiller par tes garçons, viens m'avertir, ... et sois sûr d'une bonne récompense !...

ANTOINE.

Oui, monsieur, j'y compte! *(à part)*, et j'espérons bien l'avoir double!

BELFORT *(à Juliette)*.

A dieu, mademoiselle! *(à Félicie)*, et toi, mon enfant, de la raison, de la soumission, ... reprends ta gaîté, ne détruis pas la mienne, à ce soir la nôce et pour Dieu, ne va pas me faire tuer inutilement, ce pauvre Chevreuil. *(Il sort)*.

FÉLICIE, *(le suivant)*.

Mais, de grâce, mon père, écoutez-moi donc?...

SCÈNE V.

JULIETTE, ANTOINE, FÉLICIE.

ANTOINE, *(à Juliette)*.

Mademoiselle, vîte, deux mots!...

JULIETTE.

De quoi s'agit-il?

ANTOINE.

Chut! c'est un officier qui n'se nomme pas, que j'ons rencontré tantôt sur la route, et qui voudroit?....

JULIETTE.

Paix, voici mademoiselle!

ANTOINE.

Tâchez de l'éloigner!... Je restons par-là.

FÉLICIE, *(revenant)*.

Eh bien! ma bonne, conçois-tu mon père, vouloir me forcer! mais je n'aimerai jamais que celui...

JULIETTE.

L'embarassant, sera de le reconnoître!.......

FÉLICIE.

Eh! ma bonne, est-ce que nous n'avons pas toujours dans le cœur l'image de celui qui doit nous charmer?.... *(On entend le bruit du cor)*.

ANTOINE *(faisant signe à Juliette)*.

Tiens! v'là l'cor qui sonne et toute la chasse qui part!..

JULIETTE.

A propos, voilà monsieur parti, c'est le moment de me faire voir le portrait!..... vous savez!...

FÉLICIE.

Attends-moi!... le jour est ici bien plus beau; ..... je veux y retoucher encore; ... et puis, je te l'apporterai! *(à part)*. C'est pourtant singulier, comme ce que mon père a dit de cet officier !... Quant à ce fils de M. Dorimont, qu'il vienne, et je lui signifierai bien !.... je vais te chercher le portrait ?...

SCÈNE VI.

JULIETTE, ANTOINE.

JULIETTE.

Que d'exaltation dans cette jeune tête !.... adorer toute éveillée, l'amant que l'on a rêvé ! celui-là du moins, ne lui fera pas d'infidélités !.... Eh bien, Antoine, ce jeune officier....

ANTOINE.

Il faut qu'il aime ben la conversation des Demoiselles, car il m'a promis deux pièces d'or pour que je vous engage à venir causer avec lui dans le petit bois qui borde la terrasse !....

JULIETTE.

Comment dans le petit bois!

ANTOINE *(mystérieusement)*.

Je vous prévenons de plus qu'il est suivi d'un biau garçon d'valet-d'chambre qui m'a fait sur vot'compte pus d'questions.... on diroit qu'il vous connoit !....

JULIETTE.

En vérité ? *(à part.)* je ne suis pas curieuse certainement ; mais de l'aile du château qui donne sur le bois. je pourrai sans être aperçue !.....

ANTOINE.

Eh bien, Mademoiselle ! vous avez bon cœur ! qu'est-ce qu'il faut répondre à ces honnêtes gens ?

JULIETTE.

Tu répondras ! non ! *(elle sort de côté)*.

ANTOINE.

Tant pis ! il n'y a que le oui des dames, qui rapportions queuqu'chose au commissionnaire !.... mais queu bruit, queu tapage !... eh c'est notre officier !... *(Il remonte vers le fond)*.

SCENE VII.

LORANGE, EDOUARD, ANTOINE.

LORANGE *(vivement allant à la porte par où Juliette vient de sortir)*.

Venez donc, Monsieur ! la voilà qui s'en va par là-bas, elle disparoît !.... mais c'est bien elle !....

EDOUARD.

Maraut, je t'ai porté bonheur !....

LORANGE.

Ce n'est pas la première fois, Monsieur, mais toutes les portes sont ouvertes et nous ne trouverons pas dans cette maison un maroufle de valet !....

ANTOINE (*s'avançant*).

Pardonnez-moi, Messieurs, me v'là !....

EDOUARD.

Comment coquin, tu restes deux heures ! ayant vû sortir le père et ne te voyant pas revenir, nous avons fini par nous introduire mystérieusement ? Qu'est-ce que la Gouvernante t'a répondu ?....

ANTOINE.

Qu'all' n'alloit pas dans l'petit bois !....

LORANGE.

Eh bien, va lui dire que nous sommes ici et que nous ne partons pas sans l'avoir vue.

ANTOINE (*tendant la main*).

Pardon, Monsieur, mais les deux pièces d'or !...

LORANGE (*le poussant dehors*).

Veux-tu bien commencer par les gagner, coquin !...

ANTOINE.

C'est bon ; j'vons chercher la gouvernante ! (*à part.*) et prévenir ensuite Monsieur !.... faut viser les deux récompenses pour en avoir une, (*il sort*).

SCÈNE VIII.

EDOUARD, LORANGE.

EDOUARD.

Eh bien, Lorange, tu vas la revoir !,... songe à la mettre dans mes intérêts !

LORANGE.

Eh Monsieur. toutes les suivantes ne sont-elles pas pour vous, dès qu'elles m'ont vû.... je ne suis pourtant pas sans quelques inquiétudes.

EDOUARD.

Pourquoi-donc, puisque tu connois celle-ci.

LORANGE.

Eh Monsieur, c'est justement parce que je la connois ; le hasard a voulu que cette Juliette fut précisément celle dont je fus jadis amoureux chez le peintre qui l'éleva, que j'ai perdue depuis dans le tourbillon....

mais dont je vous parlois toutes les fois que nous n'avions pas de maitresses, et pour laquelle j'ai conservé, même à votre service, une constance....

ÉDOUARD.

Oui, constance bien méritoire !

LORANGE.

Je suis sûr que je vais la trouver dans une fureur contre moi !

ÉDOUARD.

Tu lui diras, que tu lui es toujours resté fidèle !

LORANGE.

Eh comment le lui faire croire?... regardez-moi donc, Monsieur.

ÉDOUARD.

C'est que tu ne sais pas t'y prendre !

DUO.

On peint d'abord toute l'ivresse
Que l'on éprouve à la revoir,
Elle vous traite avec rudesse,
On feint alors le désespoir.

LORANGE.

J'eus pour cela le meilleur maître !

ÉDOUARD.

Eh ! quel fut donc ce maître-là ?

LORANGE.

Tenez, vous l'allez reconnoître.
Ecoutez bien !

ÉDOUARD.

Voyons cela!

EDOUARD, *à part.*	LORANGE, *contrefaisant Edouard.*
	Crois mes sermens, charmante Adèle
Comment diable à t-il pû me voir.	Je n'ai de bonheur qu'à te voir!
	Clémence! veux-tu donc cruelle,
Il étoit donc près du boudoir.	Me condamner au désespoir !
	Touchante Zélie, à tes charmes
Le fripon fait tous mes amours!	Je suis enchaîné pour toujours!
	Chère Agathe sèche mes larmes
	Ou ce fer va trancher mes jours!
Je crois me voir, je crois m'entendre,	Il croit se voir il croit s'entendre,

Oui je me suis reconnu là,	Il doit se reconnoître là,
Et l'accent pathétique et tendre	Et l'accent pathétique et tendre
Ne se prend pas mieux que cela.	Ne se prend pas mieux que cela.

Ensemble.

ÉDOUARD.

Aime-la donc ! et pour tes gages,
Sans répliquer, tu dois toujours
Courir devant dans mes voyages,
Et tout risquer pour mes amours!

LORANGE.

C'est trop plaisant, et pour des gages,
Qui ne sont pas payés toujours !
Courir devant dans ses voyages
Et tout risquer pour ses amours.

LORANGE.

Et ce n'est pas assez bien faire ;
Il faut encore pour vous plaire,
Être amoureux à volonté.
C'est par trop fort, en verité !

ENSEMBLE.

ÉDOUARD.	LORANGE.
C'est ton devoir... et pour tes gages, etc.	C'est trop plaisant, etc.

EDOUARD.

Je crois l'entendre ! songe qu'il faut absolument pour mes intérêts !...

LORANGE.

Ma foi, Monsieur je sens que sa vue seule a ralumé mes premiers feux, laissez-moi faire ?

SCÈNE IX.

EDOUARD, LORANGE, JULIETTE.

JULIETTE.

Que vois-je ? me trompé-je ? Eh ! c'est je crois ce vaurien de Lorange !

LORANGE.

Ce vaurien !..... elle me reconnoit !..... je vous le disois bien Monsieur.

ÉDOUARD.

Heureux fripon ! sais-tu qu'elle est charmante aussi !....

LORANGE.

Je frémis de la question que je vais lui faire !.... faut-il vous appeller Mademoiselle ou Madame ?....

JULIETTE.

Ce n'est encore que mademoiselle ?..

LORANGE.

Espérance de plus !... elle s'est gardée pour moi !....

JULIETTE.

Oui, vous l'avez bien mérité !

LORANGE.

Demandez à monsieur ! oh, vous pouvez l'interroger !

ÉDOUARD.

Vous aurez le temps d'en reparler !

LORANGE.

C'est çà ! venons au fait, et souffrez que je commence par vous présenter mon jeune maître ; un sage ! un véritable céladon, qui fut jusqu'à ce jour uniquement épris...

JULIETTE.

Comme vous, de toutes les belles ! et je vois que c'est aujourd'hui le tour de ma maîtresse !

ÉDOUARD.

C'est là précisément ce qui m'amène !...

JULIETTE.

J'en suis fâchée, mais je vous préviens que nous attendons pour elle un prétendu !

LORANGE.

Vous ne l'attendrez pas long-temps, car le voilà !...

JULIETTE.

Comment, monsieur, c'est vous qui venez pour épouser !

ÉDOUAR.

Oui, mademoiselle, c'est moi !...

JULIETTE.

Pourquoi donc ce mystère, et par quel hasard ne vois-je pas M. Dorimont, qui devoit arriver avec vous ?

ÉDOUARD.

Mon père ne viendra pas ! il est même bien loin de me soupçonner ici !

JULIETTE.

Comment, cela ?..

ÉDOUARD.

Voici le fait !.. à la fin de la dernière campagne, cet excellent père m'écrit, qu'il veut me faire épouser la fille de monsieur de Belfort !......... sans cesse occupé de plaisirs, je réponds d'abord avec soumission, par un refus positif de me marier !....

LORANGE.

Sur ces entrefaites, une action d'éclat, à laquelle j'ai pris de loin, la plus grande part, nous fait nommer colonel!..

JULIETTE, (*à Édouard*).

Vous êtes colonel!

LORANGE.

Nous sommes colonel!...

ÉDOUARD.

Mon nouveau grade me fait faire des réflexions!......: Cependant, avant de m'engager, je veux savoir si la prétendue me conviendra, je cache à mon père mes projets, J'obtiens un congé, ... j'arrive secrètement!..... Je pénètre dans le parc; ... j'apperçois votre maîtresse!.. j'en deviens fou!..

JULIETTE.

Voilà de l'amour prompt et vif!...

LORANGE.

Nous n'aimons jamais autrement, nous n'aurions pas le temps!.. il ne nous reste plus qu'à vous demander si les qualités du cœur.

JULIETTE.

Elle les a toutes!.. mais je ne dois pas vous cacher que la lecture, une imagination tendre et la solitude, ont fini par la rendre un peu romanesque!...

ÉDOUARD.

Romanesque! tant mieux! quand ces femmes-là nous aiment, c'est avec une passion!...

LORANGE.

Oui! mais quand elles en aiment d'autres!...

JULIETTE.

Persuadée que vous consentez à l'épouser sans la connoître, elle a juré qu'elle mourroit fille, plutôt que d'être à vous! elle a même poussé la sensibilité jusqu'à vous donner d'avance un rival!...

ÉDOUARD.

Comment, j'aurois un rival!...

JULIETTE.

Oui, monsieur; et même un rival adoré!....

ÉDOUARD.

Suis-je assez malheurex! la première fois que j'aime raisonnablement!

LORANGE.

Et sans que cela soit aux dépends de personne!

JULIETTE.

Eh! monsieur, ne vous alarmez donc pas encore!..... figurez-vous un être sans nom, ... sans bien, ... sans naissance!...... en un mot, un homme de rien!...... je n'en voudrois pas pour mari, moi qui vous parle!... Elle adore enfin, non pas un homme qu'elle a vu, mais un homme qu'elle a rêvé!

ÉDOUARD.

La bonne folie!

LORANGE.

Cette jolie tête est décidément timbrée!

JULIETTE.

Non! mais c'est un tel excès de vertu, qu'elle adore déjà par anticipation, celui qu'elle doit aimer un jour!

LORANGE.

C'est juste, on n'aime pas toujours le mari que l'on a, mais on adore toujours celui qu'on aura.

ÉDOUARD.

Quelle ingénuité!...... la pauvre petite!...... avoir de l'amour, sans avoir d'amant!...

LORANGE.

Et cela dans un siècle, où tant de belles dames ont des amans sans avoir.....

JULIETTE.

Eh! monsieur, cette chimère est la preuve de son innocence! c'est le premier mouvement d'un cœur qui en cherche un autre...

ÉDOUARD.

Qui en cherche un autre! eh bien me voilà! je rencontre un amour tout formé, un amour qui n'attend que moi: je ne languirai pas; emparons-nous de cet amour là, mon cher Lorange!

LORANGE.

Emparons-nous en, monsieur!

JULIETTE.

C'est charmant! mais il faudra ressembler de caractère, de visage même, à cet amant imaginaire!..... elle voudra plusieurs mois d'amour avant le mariage!

ÉDOUARD.

Eh bien! elle aime les romans, il faut lui en faire un! sortons d'ici pour nous concerter! rappelle ton génie, mon cher Lorange, et vous, mademoiselle, veuillez me garder cette bourse!.... vous me la rendrez, si je ne réussis pas!...

JULIETTE.

Vous réussirez, monsieur, vous réussirez! ces officiers français réussissent à tout!........ je vous la rendrai cependant!.....

LORANGE.

Mais, monsieur, si vous donnez votre bourse, comment vous retirer en cas d'accident!

EDOUARD.

Eh! Maraut! j'imite ce général qui brûla sa flotte pour être dans la nécessité de vaincre!....

LORANGE.

Allons Monsieur, vaincre.... ou partir sans argent!..

JULIETTE.

Monsieur le colonel promet-il au moins qu'il aimera ma maîtresse!....

EDOUARD.

Toujours!

JULIETTE.

Eh Monsieur! le toujours des hommes!...

LORANGE.

C'est comme celui des femmes! point de reproches!..

TRIO.

ÉDOUARD.

Ma flamme n'est point passagère,
Mon amour doit être éternel!

JULIETTE, *à part, pesant la bourse.*

Elle me semble un peu légère,
Pour la bourse d'un colonel!

LORANGE.

L'amour; la ruse et la folie
Pour nous protéger vont s'unir!

JULIETTE.

Je ne sais quelle sympathie
Me détermine à vous servir!....

LORANGE, *à Édouard.*

J'ai ranimé la sympathie
Qui la décide à vous servir!

ENSEMBLE.

Tendons un piége à sa tendresse;
Mon esprit invente déjà...
De la prudence, de l'adresse,
Et notre plan réussira!

ÉDOUARD, *à Juliette.*

Sur votre appui je me repose ;
De vos soins vous aurez le prix :
Vous recevrez....

LORANGE.

Prenez pour cause ;
Je suis le prix qu'il vous propose !

JULIETTE.

En fait d'hymen, à mon avis,
Les inconstans sont peu de chose !...

LORANGE.

Eh ! ce sont là les bons maris !...

ENSEMBLE.

Tendons un piége à sa tendresse ;
Mon esprit invente déjà...
De la prudence, de l'adresse,
Et notre plan réussira !

(*Ils sortent.*)

Fin du premier acte.

ACTE II.

SCÈNE PREMIÈRE.

JULIETTE, LORANGE.

JULIETTE.

Tenez ! vous aurez beau faire, je vous déclare que je ne suis dupe ni de vos sermens, ni de ce désespoir....

LORANGE.

Comment cruelle ! Veuillez donc observer au moins qu'il ne m'a pas même été possible de vous être sérieusement infidèle... Mon maître est si régulier dans ses affections, qu'il ne m'a jamais laissé huit jours entiers près de la même femme !

JULIETTE.

Ainsi vous les avez aimées tour-à-tour !

LORANGE.

C'est ce qui m'a sauvé ! J'ai bien fait ma cour, il est

vrai, par-ci, par-là... négligemment... en amateur !... de ces feux folets, de ces distractions.... momentanées.... mais jamais de ces sentimens graves qui peuvent compromettre la passion, dont une ame pure doit être exclusivement... affectée...

JULIETTE.

C'est-à-dire, que vous voulez me faire croire à la fidélité d'un amour que vous avez prodigué depuis à mille autres.

LORANGE.

Ce n'étoit pas le même !... Oh ! j'ai su conserver celui que j'avois pour toi ! D'ailleurs...

DUO.

Si j'adorai Lisette,
C'est qu'elle avoit tes yeux !

JULIETTE, *ironiquement.*

C'est qu'elle avoit mes yeux !

LORANGE.

Par ses regards, Rosette
Te peignoit encor mieux !

JULIETTE.

Me peignoit encor mieux !

LORANGE.

Ainsi, toujours fidelle,
Mon cœur les adoroit,
Comme loin d'une belle
On chérit son portrait !

JULIETTE.

Alors qu'elle est absente
Pourtant d'un seul portrait,
D'un seul on se contente !...

LORANGE.

Eh ! c'est ce que j'ai fait !...
Si j'adorai Lisette,
Si j'adorai Suzon,
Si j'adorai Rosette,
Et même un peu Marton ;
C'est que, soit blonde ou brune
J'ai pensé qu'il falloit
Les charmes de chacune
Pour former ton portrait !

JULIETTE.

Cette excuse est charmante,
Je la trouve excellente,
Et je la prends pour moi;
Car étant loin de toi!...

LORANGE.

Eh bien donc, loin de moi?...

JULIETTE.

Si j'aimai l'Espérance;
C'est qu'il avoit tes yeux!...

LORANGE.

C'est qu'il avoit mes yeux!

JULIETTE.

Faux et trompeur, Lafrance
Te peignoit encor mieux!

LORANGE.

Me peignoit encor mieux.

JULIETTE.

Ainsi, toujours fidelle,
Mon cœur les adoroit,
Comme loin d'une belle,
Tu chéris son portrait!

LORANGE.

Alors qu'elle est absente,
Pourtant d'un seul portrait
Tu dis qu'on se contente!

JULIETTE.

Eh! c'est ce que j'ai fait!...
Si j'aimai l'Espérance,
Si j'écoutai Jasmin,
Si j'adorai Lafrance,
Et même un peu Frontin,
Par-là je te ressemble;
Et j'ai cru qu'il falloit
Plusieurs vauriens ensemble,
Pour former ton portrait!

LORANGE.

Comment donc, infidelle!

JULIETTE.

Tous, ils avoient tes traits!

LORANGE.

Quand je n'adorai qu'elle!

JULIETTE.

Moi, j'aime les portraits !

ENSEMBLE.

JULIETTE.	LORANGE.
La vengeance est fort bonne !...	Voyez donc la friponne !
Il enrage tout bas !...	Mais je ne la crois pas,
	Car elle rit tout bas !...

LORANGE.

Tiens, ne nous fâchons pas !
J'aimai d'autres appas ;
Mais mon cœur les délaisse,
Et les fuit sans regret,
Comme pour sa maîtresse
On quitte son portrait.

JULIETTE.

Soit !... mais plus de maîtresse !
Retournez au portrait !.,.

ENSEMBLE.

JULIETTE.	LORANGE.
La vengeance est fort bonue !...	Voyez donc la friponne !...
Il enrage tout bas...	Mais je ne la crois pas !
	Car elle rit tout bas !

LORANGE.

Allons, point de rancune, pour des bagatelles ! si tu voulois raisonner ! de petites infidélités, ne prouvent que mieux notre amour ! c'est la pierre de touche des attachemens !... rien n'est plus honorable pour la personne à qui l'on revient !.... c'est un triomphe que notre délicatesse ménage à celle que nous adorons du fond du cœur !...

JULIETTE.

Voilà certainement une nouvelle manière de prouver sa tendresse !

LORANGE.

J'ai toujours perfectionné le sentiment !...

JULIETTE.

Je m'en apperçois !... mais songez que de simple suivante, je suis devenue, par mes talents, maîtresse de dessin, gouvernante et demoiselle de compagnie !...

LORANGE.

C'est comme moi ! valet-de-chambre - secrétaire, homme d'affaire pour les emprunts et trésorier... quand nous avons de l'argent !...

JULIETTE.

Soit!... mais vous suivez un maître!...

LORANGE.

Pas du tout!... je l'accompagne!... il m'appelle son ami.... quand il a besoin de moi!... je deviens sitôt après le mariage, l'intendant de ses châteaux, de ses terres.... et je crois que le gouverneur de la fortune, vaudra bien la gouvernante de la demoiselle!...

JULIETTE.

C'est à merveille!.. mais ce qu'il faut à notre charmante Félicie pour la guérir de ces folies! c'est un bon mari bien extravagant.

LORANGE *vivement.*

Servons donc le colonel de notre mieux!... je crois précisément l'entendre!...

SCÈNE II,

EDOUARD, LORANGE, JULIETTE.

ÉDOUARD *accourant.*

Me voilà de retour! j'ai pénétré sans être aperçu jusques sous son pavillon!... je connois heureusement tous les détonrs du château, j'y fus élevé! je viens de lui ménager pour le moment de sa sortie, la plus jolie petite surprise!.... elle chantoit d'une voix délicieuse une romance!.. ah ça! vous la croyez donc dans des dispositions favorables!..,

JULIETTE.

Eh Monsieur, il est des femmes qui voient partout des amoureux!

LORANGE.

Oui, comme des poltrons voient des voleurs!...

ÉDOUARD.

Et vous êtes d'avis qu'il faut agir sans attendre Monsieur de Belfort, et sans le mettre dans notre confidence!...

JULIETTE.

Gardez-vous en bien! Monsieur tient à l'autorité paternelle, au respect filial à tout ce qui n'est plus à la mode! au lieu de se prêter à nos idées, il voudra sur-le-champ vous présenter et brusquer le mariage! les préventions de Mademoiselle n'en deviendront que plus invincibles! il faut au contraire, flatter sa chimère avec adresse, s'insinuer délicatement dans son esprit, et tant par les lettres que vous allez écrire, que par votre manière de vous annoncer, lui prouver, même avant de vous montrer, que vous êtes celui qu'elle attend !

ÉDOUARD.

Fort bien ! mais si Monsieur Belfort s'aperçoit qu'un étranger fait la cour à sa fille, il se fâchera, s'emportera, lui défendra de m'aimer !....

JULIETTE.

Eh ! tant mieux ! l'esprit de contradiction !... le fruit défendu !.. nous ne vous en aimerons qu'un peu plutôt ! prenez-y garde pourtant !.... Monsieur est brusque quoique bon, et pourroit bien !..

ÉDOUARD *frappant sur l'épaule de Lorange.*

J'ai amené Lorange pour cela !

LORANGE.

Je vous remercie !...

JULIETTE.

Voici Mademoiselle ! elle revient avec le portrait qu'elle a fait de celui que le ciel lui destine... passez dans ce cabinet, vous y trouverez une issue pour gagner le jardin, comme nous en sommes convenus, mais ne vous en allez pas encore !

LORANGE.

Il faut dabord savoir si nous ressemblons !

ÉDOUARD *allant vers le cabinet.*

Conviens qu'il seroit plaisant qu'elle eut attrapê son mari d'avance.

LORANGE.

Eh Monsieur ! vous ne seriez pas le premier !...

JULIETTE.

A propos, et la dragonne,

ÉDOUARD, *détachant sa dragonne.*

La voilà !

JULIETTE, *la posant sur la toilette.*

Entrez vîte ! et soyez prêt à me montrer votre figure au moindre signe ! (*ils entrent et referment la porte*)

SCÈNE III.

FÉLICIE, JULIETTE (ÉDOUARD LORANGE, dans le cabinet).

FÉLICIE *de la porte du fond portant un tableau couvert d'une toile verte.*

Juliette, es-tu seule?... le voilà cet amant chéri!..

JULIETTE.

Amenez-le moi, Mademoiselle!

FÉLICIE *avançant.*

Je viens de le retoucher encore un peu; je l'ai fait militaire!

JULIETTE *le plaçant sur le chevalet qui est du côté de la fenêtre de manière qu'il ne peut être vu du public.*

Commençons par l'éclairer comme il faut!

FÉLICIE *l'empêchant de découvrir le tableau.*

Ne va pas te moquer au moins!

JULIETTE.

Eh! pourquoi donc? on peut bien peindre sur la toile, ce qui se peint dans l'imagination!... un mari tout comme autre chose!..

FÉLICIE.

Va te placer là!... regarde à présent! *(elle découvre le tableau).*

JULIETTE *au milieu du salon.*

Oh! le joli homme!... savez-vous Mademoiselle, que vous êtes fort bien partagée?...

FÉLICIE *allant près de Juliette.*

Vois donc l'air expressif que lui donnent ces beaux yeux bleux et ces cheveux blonds!...

JULIETTE.

Des yeux bleux! *(à part apercevant Edouard)*, et notre amoureux les a bruns!...

LORANGE *bas et derrière Edouard qui avance sa tête pour regarder le portrait.*

Êtes-vous ressemblant?

ÉDOUARD, *bas.*

Du tout!...

FÉLICIE *à Juliette.*

Eh bien, qu'en dis-tu?...

JULIETTE.

Qu'il m'a plu d'abord!... mais à la réflexion je suis fachée que vous lui ayez fait des yeux bleux!

FÉLICIE *vivement,*

Ils regardent si bien !... comme il est beau !... comme il doit être aimable !... et que je l'aimerai !... car je suis bien sûre !...

JULIETTE.

Et vous pouvez croire que vous trouverez une figure absolument pareille à celle-ci ?..

FELICIE.

Peut-être pas tout-à-fait ! mais dans le même genre ! une figure Anglaise !....

JULIETTE.

Eh Mademoiselle, nous sommes Françaises, aimons les Français !.... des yeux bleux !... un homme !.... un militaire !.... mais, ma pauvre enfant, ce n'est pas ça du tout !... vous voulez que votre amant soit passionné ?...

FÉLICIE.

Certainement !

JULIETTE.

Faites-lui donc des yeux bruns !... tous ces Messieurs dont vous m'avez conté la merveilleuse histoire, M. Jéhan de Saintré, M. Céladon, M. Amadis, est-ce qu'ils avoient des yeux bleux ?... ils s'en seroient bien gardés !...

FÉLICIE.

Tu crois !

JULIETTE.

Tenez ! j'en ai dans l'idée qui donneroient à ce visage une expression !.... le portrait n'est qu'au pastel, et je veux par curiosité !... *(elle court au portrait, et lui efface les yeux)* voilà déjà qu'il n'en a plus.

FÉLICIE.

Oh ! ciel !...

JULIETTE.

Vous pourrez toujours les rétablir, un peu de complaisance, et commencez par vous placer ici.... *(elle la fait asseoir au milieu du salon, le dos tourné au cabinet).*

FÉLICIE, *s'asseyant.*

Pourquoi ?...

JULIETTE *élevant la voix du côté du cabinet.*

J'ai mes raisons ! montrez-moi votre figure !...

FÉLICIE.

Eh bien !... ma bonne, la voilà ! *(Edouard paroit).*

JULIETTE, *s'adressant à Edouard.*

C'est-ça!... rapprochez-vous un peu... ne bougez pas, et regardez-moi.... c'est d'après vos yeux que je vais refaire ceux du portrait!...

FÉLICIE.

Tu vas faire les miens!

JULIETTE.

Non! mais en vous regardant je ferai ceux qui doivent sympathiser avec les vôtres!

FÉLICIE, *s'arrangeant sur son fauteuil.*

Oh! ma bonne! la charmante idée!

JULIETTE, *allant au chevalet.*

Quand on fait tant que de se faire un amant, faut-il encore qu'il soit bien!

QUATUOR.

ÉDOUARD, *s'avançant.*

Je la comprends!

LORANGE, *le retenant.*

Restez donc là!

FÉLICIE.

Sommes-nous bien comme cela!

JULIETTE, *au chevalet et dessinant.*

Parfaitement comme cela!

FÉLICIE.

Donne-leur beaucoup de tendresse!

JULIETTE, *regardant Edouard.*

Je vois d'ici ceux qu'il vous faut!

LORANGE, *bas à Édouard.*

Beaucoup d'amour, beaucoup d'ivresse!

ÉDOUARD.

En manquer n'est pas mon défaut!

JULIETTE, *à Édouard.*

Tenez-vous donc, je vous conjure?

FÉLICIE.

Mais je n'ai pas bougé de là!

LORANGE, *tenant Edouard.*

Jamais, jamais, on ne pourra
Le fixer, pas même en peinture.

ÉDOUARD, *à part.*

Refaire ainsi ce cher rival,
Combien j'aime cette folie !

JULIETTE, *à part.*

Refaisons vîte la copie,
Car on ne peut changer l'original !...

FÉLICIE.

A-t-il bien l'air sentimental ?

JULIETTE.

Prenez donc l'air sentimental.

ENSEMBLE.

ÉD., LOR., JUL., *à part.*

sa
Amour, couronne ma tendresse,
Prête-nous ton adresse ;
En ce moment doux et charmant,
Fais qu'un portrait bien ressemblant,
Seconde les vœux d'un amant.

FÉLICIE.

Objet chéri de ma tendresse,
Dans mes sens quelle ivresse
Tu fais naître en ce doux moment !
C'est là, oui, c'est là, charmant,
Que l'amour t'a fait ressemblant !

JULIETTE.

Tenez, vous devez, je vous jure,
Être heureuse avec ces yeux-là !
Éloignez-vous !
(*Edouard et Lorange rentrent dans le cabinet.*)

FÉLICIE, *se reculant.*

Pourquoi cela ?

JULIETTE, *tournant le chevalet.*

Les voilà faits d'après nature !

FÉLICIE, *courant au portrait.*

Ils sont charmans comme cela !...

JULIETTE.

Je le crois bien !... (*se rapprochant d'Edouard.*)
J'en étois sûre...
Vos yeux plaisent déjà beaucoup !

LORANGE, *bas.*

Jamais ils n'ont manqué leur coup !

FÉLICIE, *prenant un pastel.*

J'aurois pourtant voulu, ma chère,
Les rendre encore un peu plus doux !

JULIETTE, *la retenant.*

Prenez garde, que faites-vous ?

FÉLICIE.

C'est mon amant, laisse-moi faire !
En fermant les yeux, je le vois !...

JULIETTE, *lui tenant la main et regardant Edouard.*

Moi, c'est en faisant le contraire...

FÉLICIE.

Les voilà parfaits cette fois !...
Quant au reste de son visage,
Tu l'as trop changé, quel dommage !

Ensemble.

Il me sembloit d'abord si bien !...

JULIETTE.

Cependant il n'y manque rien !

LORANGE, *à part.*

Tant de femmes nous trouvoient bien !

ÉDOUARD, *à part.*

Nous voilà bien ! nous voilà bien !

JULIETTE, *à Edouard.*

ENSEMBLE.

N'abandonnez pas la partie ;
Vîte au jardin, et je parie
Que vous l'aurez bientôt guérie
De son amour pour le rival.
(à Félicie)
Pour un amant de fantaisie,
Je vous réponds qu'il n'est pas mal.

ÉDOUARD, LORANGE, *à part.*

N'abandonnons pas la partie ;
Vîte au jardin, et je parie
Que nous l'aurons bientôt guérie
De son amour pour le rival.

(Edouard et Lorange sortent par le cabinet.)

FÉLICIE, *devant le portrait.*

Cette bouche est pourtant jolie,
L'ensemble même n'est pas mal ;
Mais je n'y vois pas la copie
Dont j'avois lu l'original.

SCÈNE IV.

FÉLICIE, JULIETTE.

JULIETTE.

Je vous dis, mademoiselle, que c'est là l'homme qui

vous convient.... Voilà des traits qui disent quelque chose!... de ces figures qu'on rencontre!... Vous auriez été des siècles avant de trouver l'autre!...

FÉLICIE.

A la bonne heure! Je ne dis pas qu'il me déplaise! il est même charmant, si tu veux.... quelque chose de sensible!... et cependant il me semble, quelque bien qu'il soit, qu'il ne répond pas encore tout-à-fait.... Il faudra lui faire une épaulette!...

JULIETTE.

Deux épaulettes, mademoiselle, avec des yeux comme ceux là, on doit être au moins colonel.

FÉLICIE.

Eh bien! nous le ferons colonel!

JULIETTE.

Nous le ferions général!... j'ai précisément trouvé ce matin dans le bois une dragonne que M. votre père aura perdue l'un de ces jours, ... elle va nous servir de modèle. Tenez la voici...

FÉLICIE.

Mais tu te trompes. Ce n'est pas celle de mon père!

JULIETTE.

Pardonnez-moi!

FÉLICIE, *rêveuse.*

Celle de mon père est d'argent.....

JULIETTE.

Vous croyez.....

FÉLICIE.

J'en suis sûre, et tu as trouvé celle là?..

JULIETTE.

Sous les grandes charmilles.

FÉLICIE.

Attends donc!... Je me souviens qu'en me promenant tantôt de ce côté, ... je crus entendre marcher assez près de moi sous le bois!.. je m'arrêtai,... je retins ma respiration!... je distinguai comme des pas qui s'éloignoient tout doucement!.... et puis... plus rien!....

JULIETTE.

C'étoit quelque garçon jardinier!....

FÉLICIE

C'est ce que je pensai; .... mais lorsque je sortis du pavillon, figure-toi que je trouvai sur la porte le plus beau mirthe.....

JULIETTE, *allant dessiner.*

Antoine aura voulu vous faire quelque galanterie!..

FÉLICIE, *réfléchissant.*

C'est possible !.... et cependant l'arbre des amans !... cela m'a surprise. Mais surprise !.....

JULIETTE, *regardant par la fenêtre.*

(*A part.*) Le colonel est à son poste. Les épaulettes ne sont que tracées, mais voyez déjà comme elles lui vont bien !...

FÉLICIE, *gaîment.*

A ravir, ma bonne !... je lui trouve même à présent de la phisionomie.....

JULIETTE, *s'avançant vers la fenêtre, et élevant la voix.*

Je vous dis que ça viendra ! c'est à cet amant que je vous pardonnerois de dire comme vous faisiez tantôt en vous adressant à l'écho qui se trouve là bas.... parais amant fidèle !..

ÉDOUARD, *en dehors.*

Fidèle....

FÉLICIE.

Qu'ai je entendu ?

JULIETTE.

C'est l'écho des amoureux qui m'a répondu !

FÉLICIE.

J'ai trouvé le son de cet écho tout différent de ce qu'il étoit hier...

JULIETTE, *à part.*

Je le crois bien !... quelle idée.

FÉLICIE.

Non ! je t'assure qu'il m'a paru bien plus sonore.....

JULIETTE.

C'est qu'il étoit en voix, il a ses jours... Pour nous en convaincre, faisons-le causer, comme ça se fait à la campagne, on se figure que c'est l'amant chéri qui répond, on est seul, on se croit deux, c'est charmant, appelons-le. Mais pour l'appeler il faut commencer par lui donner un nom !...

FÉLICIE.

Mais tu deviens plus déraisonnable que moi ! je n'aime pas de l'exagération dans ces choses là !

JULIETTE.

Rien n'est pourtant plus naturel ! donnons-lui vîte un de ces noms qui vous inspirent tout de suite de l'amour, Mathieu, Mathurin, Nicolas !...

FÉLICIE.

Nicolas, pour un colonel !

JULIETTE.

Je vous proposerais bien le nom d'Édouard !

FÉLICIE, *réfléchissant.*

Édouard ! ..

JULIETTE, *vivement.*

C'est le nom de tous les amoureux dans vos romans anglais !

FÉLICIE, *vivement.*

Oui, ce nom d'Edouard a quelque chose !...

JULIETTE.

Le voilà baptisé !... venez maintenant causer avec ce cher Edouard !.. *(Elle porte le chevalet de l'autre côté de l'appartement).*

FÉLICIE, *allant à la fenêtre.*

Nous sommes un peu folles !.... mais on parle si souvent de son amour, aux bois, aux ruisseaux!.. silence!..

SCÈNE V.

FÉLICIE, JULIETTE, ÉDOUARD, *au dehors.*

FRAGMENT D'AIR.

FÉLICIE.

Amant chéri, quel objet aimez-vous?

ÉDOUARD, *en dehors.*

Vous ! vous ! vous !

JULIETTE.

Il redit trois fois !...

FÉLICIE.

C'est singulier, hier il ne répétoit qu'une !

JULIETTE.

C'est qu'il aura fait des progrès !

FÉLICIE.

Jamais cet écho ne m'avoit fait une impression ! attends !...

Aimez-vous pour toujours ?

ÉDOUARD, *plus près.*

Pour toujours j'aime Félicie !

FÉLICIE.

Oh ! ciel !

JULIETTE.

Il a répété des mots que vous n'aviez pas dit !

FÉLICIE.

Ma bonne, il faut que quelqu'un soit là!

JULIETTE.

Allons donc!

(On entend une guittare sous la fenêtre.)

FÉLICIE.

Qu'entends-je, à présent sous la fenêtre?..

JULIETTE.

Ah mon Dieu! c'est notre écho qui joue de la guitare!

FÉLICIE.

Paix!

ÉDOUARD, *sous la fenêtre.*

Au bord de la Durance,
Pensif et voyageur,
J'errois sans espérance
Et cherchois le bonheur:
Vers la rive prochaine
Ramené nuit et jour,
Je pressentois la chaîn
Que me gardoit l'Amour.

JULIETTE.

Chut!....

ÉDOUARD.

Sous un épais feuillage
J'ai vu briller tes yeux:
Ainsi, dans le bocage,
Perce un rayon des cieux;
Comme ses feux dans l'ombre
Font éclore une fleur,
Tes yeux dans ce bois sombre
Ont embrâsé mon cœur!

FÉLICIE.

Eh bien, quand je te disois!... regarde sous la fenêtre!

JULIETTE.

Je ne vois rien!

SCÈNE VI.

Les mêmes, LORANGE.

FÉLICIE.

C'est incroyable! ma bonne, Quel est donc ce valet?

JULIETTE.

Je ne sais ! peut-être vient-il pour M. de Belfort.

LORANGE.

Viendrois-je aussi mystérieusement pour un père?

FÉLICIE.

Comment mystérieusement ! allons-nous-en, ma bonne.

JULIETTE.

Allons-nous-en au jardin, mademoiselle !

LORANGE.

Mesdemoiselles ! au nom du sentiment et de la nature !

FÉLICIE, *restant.*

Viens, Juliette !

JULIETTE.

Pardon, mademoiselle ; mais quand on me parle au nom du sentiment et de la nature, j'écoute toujours ! Parlez vîte, et dites-nous qui vous êtes?

LORANGE.

AIR :

Je suis le ménestrel et le servant d'amour
D'un vaillant fils de Mars, d'un charmant troubadour.
Je le suis à la guerre,
Mais toujours en arrière ;
Et de loin, pour raison,
J'écoute le canon !...
Mais au pied de la tour où languit une belle,
En serviteur fidelle,
La guittare à la main,
Je m'élance soudain
En chantant ce refrain !...
Ouvrez, beauté touchante !...
Ouvrez, jeune suivante !...
Je suis le ménestrel et le servant d'amour
D'un vaillant fils de Mars, d'un charmant troubadour.
Chargé de son hommage,
Chargé d'un doux message,
Je précède ses pas pour peindre son amour.
Ouvrez, jeune suivante,
Ouvrez, beauté touchante,
Onvrez au troubadour !...
Sachez qu'il vous adore !
Le feu qui le dévore
Doit à jamais briller,
Doit à jamais brûler ;
Et de son ame
La vive flamme,

Ses vœux discrets
Pour vos attraits,
Et son ivresse
Et sa tendresse
Sont exprimés dans ces billets.

(Il lui présente un paquet de lettres que Félicie refuse.)

JULIETTE.

Comment, Monsieur, vous pouvez croire...

LORANGE.

Prenez, mademoiselle, et profitons de l'absence d'un père rigoureux!...

SCENE VII.

BELFORT, LORANGE, FÉLICIE, JULIETTE.

BELFORT *(amené par Antoine, entrant sans être vu, et saisissant les lettres que Lorange présente a Félicie.)*

Il n'est pas si loin que tu le crois, traître!

TOUS.

O ciel!

LORANGE.

Sauvons-nous! c'est le père!

BELFORT.

Reste-là, coquin!

LORANGE, *à part.*

Restons! du cœur.... et faisons ma commission devant lui!...

BELFORT.

Eh bien, mademoiselle, me nierez-vous maintenant les motifs de votre refus? Quel est cet impertinent qui s'avise de venir chanter pendant mon absence.

BELFORT.

Mon père, je vous jure que j'ignore...

JULIETTE.

Monsieur, c'est un écho que nous avons découvert dans le bois!

BELFORT.

Ah! j'ai dans mon parc un écho qui dit des romances entières! et toi, coquin, qui es-tu?

LORANGE.

Monsieur, ne vous fâchez pas, je suis le valet de l'écho!... de cet officier qui chérit mademoiselle depuis deux mois, comme vous le verrez par ces lettres!...

BELFORT, *ouvrant le paquet.*

Comment deux mois?

FÉLICIE.

Deux mois!... ma bonne!

BELFORT.

Du 5, du 16, du 21, c'est donc toute une correspondance!.., *(à Félicie.)* Et vous prétendez que vous n'avez point encore vu cet audacieux!

LORANGE.

Non, monsieur, mademoiselle ne nous a point encore vus! c'est la vérité!... vous nous avez tellement surveillés...

BELFORT.

Je vous ai surveillés, moi!...

LORANGE.

Toujours des valets, des jardiniers!...

BELFORT, *avançant sur lui.*

Comment imposteur!

LORANGE, *reculant.*

Et toutes les fois que nous voulions nous faire entendre, cette symphonie de cors de chasse que vous faisiez commencer aussitôt!... Mais ne me perdez pas, si mon maître savoit que vous vous êtes emparé de ces lettres, comme vous avez fait de toutes les autres...

BELFORT, *en colère.*

Moi, je me suis emparé!...

LORANGE.

Ah, Monsieur, que vous êtes fin, que vous êtes adroit!

BELFORT.

Ça n'est pas vrai!

LORANGE.

Que vous avez d'esprit, Monsieur!....

BELFORT.

Ça n'est pas vrai!...

LORANGE.

Je vous rends les armes, Monsieur, je vous les rends!

BELFORT *(le poussant.)*

T'en iras-tu, traître!

LORANGE.

Volontiers, Monsieur. *(s'arrêtant devant le portrait.)* O ciel! que vois-je! Par quel hazard avez-vous là le portrait du colonel?

BELFORT, *allant au portrait.*

Comment un portrait ! un portrait d'homme, un officier! quel est ce portrait, Mademoiselle ?

JULIETTE.

C'est un portrait de fantaisie que nous avons fait ensemble !

FÉLICIE.

Oui mon père; d'après notre imagination !

LORANGE.

D'après votre imagination !

BELFORT, *à Félicie.*

Ah ! vous faites des colonels de fantaisie, qui ressemblent à ceux qui viennent chanter sous vos fenêtres !

FÉLICIE.

Mon père demandez à Juliette, elle sait comment ce portrait s'est fait.

JULIETTE.

Certainement je le sais !

LORANGE, *devant le portrait.*

Mais c'est que le voilà, c'est que c'est lui !...

BELFORT.

Retire-toi coquin, et que ton maître renonce à ses poursuites !

LORANGE.

Non Monsieur, il n'y renoncera pas !... il est trop galant homme pour renoncer à ce qui peut assurer votre bonheur,

BELFORT, *allant vers le fond.*

Ah! tu dis qu'il n'y renoncera pas !... hola, Rustaut.. Lagaule !...

LORANGE, *à Juliette.*

Lagaule !... qu'est-ce que c'est que ça ?..

JULIETTE.

C'est un grand garde-chasse d'environ six pieds !...

LORANGE.

Pardon ! mais vous permettrez que je parte avant l'arrivée de Lagaule ! *(Il sort de côté).*

SCÈNE VIII.

FÉLICIE, JULIETTE, BELFORT, ANTOINE.

BELFORT, *revenant.*

Il sont tous après l'amoureux! mais je vais moi-même!.. comment il est parti!.. Eh bien! Mademoiselle, j'avois tort de soupçonner ce matin!... c'est-à-dire que ce n'est pas assez des intrigues de vos romans! mais j'y saurai mettre ordre, et vous n'en épouserez pas moins dès ce soir!....

FÉLICIE.

Mon père, je vous répette que je n'ai jamais vu l'imprudent qui vient de chanter? quant au fils de M. Dorimont, vous permettrez que j'imite à son égard, la résistance respectueuse!...

BEFFORT.

La résistance... de qui donc?

FÉLICIE.

De Clarisse!... mon père!...

BELFORT.

Clarisse! qui vous a donné Clarisse?....... eh bien parents insensés, laissez donc lire des romans aux demoiselles!... de mon temps les jeunes personnes bien élevées, cousoient, tricottoient, touchoient du clavecin! mais depuis qu'on leur a donné des lyres pour développer les graces de leur bras, des tambours de basques pour animer leur danse et des romans pour apprendre l'histoire!... prrrrrrt!... mais je vous déclare qu'il n'en pénétrera plus un seul dans la maison, je brêle dès aujourd'hui les châteaux! les prisons! l'enfant du bonheur! du malheur!...

JULIETTE.

Ces pauvres innocens!

BELFORT.

Je fais sauter par la fenêtre, votre Julia, votre Alba, votre Rosalba!... voila Flora!... sautez Flora!...

JULIETTE.

Oh ciel! si le colonel est sous la fenêtre, il y en a de si lourds!

FÉLICIE.

De grâce, mon père, je n'ai pas encore lû ceux-ci.

BELFORT, *ouvrant un secrétaire.*

Tant mieux!... par où sont les autres, oh bon Dieu

tout ça ! qu'il reste seulement par volume, une sottise dans la tête d'une femme et voilà de quoi la rendre folle pour toute sa vie ! *(Il ferme le secrétaire et emporte la clef). (à Félicie).* Ah ! vous prétendez imiter Clarisse ! eh bien vous serez traitée comme elle : vous ne sortirez plus !

FÉLICIE, *en colère.*

Eh bien ! mon père, tout ce qu'il vous plaira ; mais je ne serai jamais la femme d'un homme pour lequel on m'aura tyrannisée. *(elle sort.)*

BELFORT, *la suivant.*

Tyrannisée ! c'est fort bien !

JULIETTE, *à part.*

Quand il le feroit exprès pour nous servir !...

SCÈNE IX.

BELFORT, JULIETTE, ANTOINE.

BELFORT.

Voilà pourtant plus de six semaines que je me doute de cette intrigue ! et vous Mademoiselle, je vois que vous êtes pour quelque chose dans tout ceci.

JULIETTE.

Certainement Monsieur ! mais c'est pour faire épouser à Mademoiselle, le fils de M. Dorimont !....

BELFORT.

Tâchez donc de l'y déterminer et promptement !..

JULIETTE.

En ce cas là je vais dire à l'amoureux de se presser. *(Elle sort du côté du jardin).*

SCENE X.

BELFORT, ANTOINE.

BELFORT.

Eh bien ! que fait-elle ? ou va-t-elle ?

PIQUEURS *en dehors, sans être vus.*

Le v'là, Monsieur, nous le tenons !...

BELFORT.

Ah ! ah ! Monsieur le séducteur, nous allons enfin vous connoître !...

DORIMONT, *en dehors.*

Me laisserez-vous insolents, qu'est-ce que cela signifie ?

SCÈNE XI.

DORIMONT, BELFORT, Piqueurs, Valets.

BELFORT.

Quelle surprise ! eh quoi, c'est Dorimont ! comment mon ami, c'est toi ?...

DORIMONT.

Eh oui, mon ami ! en passant le long de ton parc, j'apperçois une petite porte ouverte ; afin de t'embrasser plutôt, je met pied-à-terre, j'avance en fredonnant, comme de coutume la petite chanson ; soudain, je vois accourir des valets, des piqueurs... on m'entoure, je me fâche ; les uns disent il est trop vieux, ce n'est pas lui, les autres répondent c'est lui, car il chante ; enfin l'on m'amène vers toi ! pour qui diable m'ont-ils pris ?..

BELFORT.

Pour un jeune et joli garçon !

DORIMONT.

Les Imbéciles !

BELFORT.

Pour un impertinent colonel qui s'est introduit dans le jardin, pour faire sa cour à ma fille !

DORIMONT.

Comment ; Monsieur de Belfort ! et vous croyez qu'après cela...

BELFORT.

Marauts ! qu'on me le cherche qu'on me le trouve! surtout un coquin de valet !... ou je vous chasse vous-mêmes !...

LAGAULE.

Eh bien, Monsieur, laissez faire Lagaule ! ces diables de taillis sont impénétrables, mais j'imagine un moyen, s'il est dans le bois, et que vous me permettiez d'agir, il faudra bien qu'il en sorte !

BELFORT.

Fais ce que tu voudras !

LAGAULE.

Allons enfans, venez avec moi donner la chasse à ce coquin !.... tayaut !... *(tous les piqueurs sortent).*

SCÈNE XII.

BELFORT, DORIMONT.

BELFORT, *à Dorimont.*

Et toi, sois tranquille ! quand ma fille auroit dix amoureux !... Mais je n'aperçois pas ton fils ?...

DORIMONT.

Je le crois bien ; le vaurien m'a refusé net de venir, et même de se marier !...

BELFORT.

Comment il refuse !.... De quoi diable alors te plains-tu ?

DORIMONT.

De quoi je me plains !... Avant de partir de Paris, je lui ai mandé que je venois l'attendre ici ; que s'il ne me rejoignoit, je le déshéritois et me marions à sa place ! Il peut arriver d'un moment à l'autre ; et s'il découvre cette intrigue, il ne va pas manquer de me dire : *vous voyez, mon père !...* Et quand ces Messieurs ont une fois raison avec leurs pères, c'est comme les femmes avec leurs maris, on ne peut plus leur prouver qu'ils aient tort !...

DUO.

BELFORT.

Mes gens sont là, laisse-les faire ;
Crois que Lagaule agira bien !

DORIMONT.

Oui ; mais si pourtant ce vaurien
A votre fille avoit su plaire !

BELFORT.

Crois que ma fille n'est pour rien
Dans cette bizarre aventure :
Elle n'a point vu ce vaurien ;
Elle le jure, elle l'assure.

DORIMONT. *(On entend les cors dans le jardin.)*

Mais quel est donc, quel est ce bruit ?
J'entends là-bas le cor de chasse !

BELFORT.

Quelle peut être cette chasse ?...

CHŒUR.

Tayaut ! tayaut ! suivons sa trace !

BELFORT, *à la fenêtre.*

Eh ! c'est le valet qu'on poursuit !
Tous mes piqueurs sont sur sa trace.

BELFORT, DORIMONT.

Ah ! d'honneur, la plaisante chasse !

CHŒUR.

A toi Lagaule, à toi Rustaut !

BELFORT, *à la fenêtre.*

Tiens, je le vois là-bas qui passe !
A vous, tayaut ! tayaut ! tayaut !

DORIMONT, *ramenant Belfort sur le devant de la scène.*

Tu crois donc ta fille innocente ?

BELFORT.

Elle est sage, quoiqu'imprudente,
Et ne connoît pas cet amant !
Tu peux t'en convaincre à l'instant
Par les lettres de l'imprudent :
Lis-les vîte, je t'en conjure !

CHŒUR.

A toi, Lagaule ! à toi, Rustaut !

DORIMONT, *à part, lisant.*

Mais quelle est donc cette écriture ?

BELFORT, *à la fenêtre.*

Ah ! comme il court ! Tayaut ! tayaut !

DORIMONT, *allant à Belfort.*

Attends donc un moment, de grâce !

BELFORT, *riant.*

Non, pour le valet point de grâce !

DORIMONT.

Tu ne sais pas quel est celui...

BELFORT, *enchanté.*

On met Radhamante après lui !

DORIMONT.

Comment Radhamante après lui !...

BELFORT.

Je crois qu'on sonne l'alali !... alali ! alali

(*Par la porte et les fenêtres du fond, on aperçoit Lorange qui traverse le jardin, poursuivi par les piqueurs.*)

DORIMONT.

Mais quelle est cette rage extrême ?
Cet amant est mon fils lui-même.
Sur son valet tu fais courir !...

BELFORT.

Explique-moi cette aventure ?

DORIMONT.

De mon fils tu vois l'écriture !

BELFORT.

Comment ! il nous joueroit ce tour ?

DORIMONT.

Rappelle-les donc !

BELFORT, *à la fenêtre.*

Au retour !!!

CHŒUR.

Tayaut ! tayaut !

BELFORT.

Quelle aventure !
Mais ils ne cessent de courir !

(*On voit repasser la chasse.*)

ENSEMBLE.

Allons vîte le secourir,
Nous éclaircirons l'aventure ;
Et nous verrons à notre tour
à nous venger d'un pareil tour.

(*Ils sortent.*)

Fin du deuxième acte.

ACTE III,

SCENE PREMIÈRE.

EDOUARD, JULIETTE, *entrant par le côté du jardin.*

JULIETTE.

Monsieur et tous les gens sont de l'autre côté du château, venez et rapportons la guittare !.. *(elle la pose sur la toilette).* figurez-vous que Monsieur est dans une colére !

ÉDOUARD.

Je me raccommoderai toujours bien avec lui !

JULIETTE.

Les mauvais sujets plaisent si vîte aux bonnes gens, c'est comme aux femmes.

ÉDOUARD.

Et croyez-vous que la charmante Félicie commence à m'aimer ?

JULIETTE.

Oh ! nous n'allons pas si vîte que vous ! nous n'en sommes qu'à la surprise, aux objections ! Mademoiselle est terrible sur les vraisemblances.

ÉDOUARD.

Comment alors aime-t-elle autant les romans ?

JULIETTE.

L'intérêt et le merveilleux l'étourdissent.

ÉDOUARD.

Il faut l'étourdir aussi ! .. Lorange un peu revenu de sa frayeur ne va pas tarder à se présenter ; moyennant quelques promesse d'argent je viens de décider Antoine à me servir !

JULIETTE.

Ah Monsieur ! que vous êtes un séducteur dangereux !

ÉDOUARD.

Séduire sa femme n'est pas un si grand mal !

JULIETTE.

Non, si l'on s'en tenoit là !.. exécutez votre projet, je vais rejoindre Mademoiselle et vous seconder de mon mieux sans en avoir l'air. *(elle sort).*

SCÈNE II.

ÉDOUARD.

Ce bon Monsieur de Belfort, comme il sera surpris... mais ce que j'éprouve est singulier... autrefois quand j'adorois, même exclusivement, une femme ; quand je l'adorois là... pour la vie!... je me sentois encore capable de rendre justice à deux ou trois belles en même temps... il me semble en ce moment que je n'en connois plus qu'une seule, j'en demande pardon à toutes les autres!...

AIR :

Pardonnez-moi, femmes charmantes,
Qui m'avez vu jadis à vos genoux !
Séduits par vos grâces touchantes,
D'autres amans n'apercevront que vous !...
De l'amour la brillante flamme
Éclaire en vain plus d'un objet nouveau :
Nous ne voyons plus qu'une femme,
Quand il a mis sur nos yeux son bandeau !
Mais poursuivons !... voici la place,
Sur cette glace,
Gravons avec ce diamant
Un aveu tendre, un doux serment.
Français, amant et militaire,
Imitons la fleur des guerriers ;
François, l'honneur des chevaliers,
Gravoit ses sermens sur le verre !
Quoique la trace soit légère.
Lira-t-elle ce doux serment ?
Oui, j'en ai le pressentiment!
Toute femme jeune et jolie
Cent fois par jour aime à se voir,
Et toujours la coquetterie
La ramène vers son miroir !
Miroir qui lui dis chaque jour,
Que ses traits où l'amour respire,
Sont faits pour inspirer l'amour,
Tu lui diras qu'elle l'inspire.
Amour, fais qu'elle vienne là...
Rassurons-nous, elle y viendra...
Toute femme jeune et jolie, etc.

SCÈNE III.

ÉDOUARD, ANTOINE.

ANTOINE, *de la porte du fond.*

Sauvez-vous, Monsieur, voilà M. de Belfort !...

ÉDOUARD, *sortant de côté.*

Ce pauvre père, on n'est pas dupe comme çà !...

ANTOINE.

Non certes, on ne l'est pas comme çà !...

SCÈNE IV.

ANTOINE, BELFORT, DORIMONT.

BELFORT.

Ah çà, mon cher Antoine, tu nous a tout conté !

ANTOINE.

Tout, monsieur! l'écho, l'portrait, c'qu'ils ont fait, ce qu'ils vont faire encore... L'colonel a voulu m'gagner avec une bourse qu'il n'avoit pas, et qu'il m'a promise ! mais ce n'est pas comme çà qu'on me séduit; il n'y a que l'argent donné qui engage un galant homme à queuqu'chose ! mademoiselle Juliette, la dessineuse, ne s'doute de rien. Les attrapeurs vont devenir les attrapés, c'est charmant; faut convenir que M. le Colonel n's'y prend pas mal.

DORIMONT.

Nous ne leur montrons pourtant pas ces choses-là.

ANTOINE.

C'que leur montrons les pères n'est jamais c'qu'ils savions le mieux !...

DORIMONT.

Ah çà, mon ami, c'est fort bien ! mais je te déclare que je ne consens pas au mariage, que ta fille ne soit tout-à-fait corrigée d'une erreur... C'est que je ne suis pas romanesque, moi ! c'est que je ne crois pas à toutes ces chimères de sympathies,... quoique j'aie beaucoup sympathisé dans mon temps...

BELFORT.

Rassure-toi, je ménage à ma fille une leçon ! Ah, mon cher, il me vient l'idée la plus originale.. ... Quel dommage, que tu ne sois pas un peu plus laid...

DORIMONT.

Comment, M. de Belfort ! que me manque-t-il donc ?

BELFORT.

Rien, mon ami, rien!... mais il ne faut pas qu'elle te sache ici. Son appartement est là. Retirons-nous.

DORIMONT.

Attends, je vais chanter près de la porte, elle croira que je suis l'amoureux.

BELFORT.

Avec ta voix paternelle !........... prends plutôt cette guitare...

DORIMONT.

Tu sais qu'autrefois c'étoit mon fort,... je vais lui jouer, *entends-tu Brunette, l'écho qui répète* !

BELFORT.

Brunette ;... mais elle est blonde !

FÉLICIE, *arrivant dans le cabinet.*

C'est lui !...

BELFORT.

Elle a dit c'est lui !. . pose la guitare !

ANTOINE.

Monsieur, v'là le valet qui s'avance...

BELFORT.

C'est bon, ne les perdons pas de vue, et courrons achever de nous concerter. *(Ils sortent).*

SCÈNE V.

FÉLICIE, JULIETTE, *dans le cabinet.*

FÉLICIE.

Arrive donc, ma bonne, et mets ta main là !

JULIETTE.

Comme votre cœur est agité !...

FÉLICIE.

C'est lui qui vient de pincer de la guitare.

JULIETTE, *entrant.*

Je ne vois personne !

FÉLICIE, *entrant aussi.*

Comment, il est déjà parti !...

JULIETTE.

Mais c'est un Silphe que cet amant, on ne peut pas le joindre !

FÉLICIE.

Venir jusqu'ici, quelle imprudence !.. ce qui m'étonne surtout, c'est ce qu'Antoine vient de me raconter......... car, enfin comment veux-tu, qu'une personne raisonnable,... puisse croire, que depuis deux mois.....

JULIETTE, *à part, voyant entrer Lorange.*

Voilà quelqu'un qui va nous l'expliquer.

SCÈNE VI.

FÉLICIE, JULIETTE, LORANCE.

LORANGE, *entrant du côté du jardin.*

Allons du cœur, il n'y a que des femmes! ces demoiselles sont-elles seules!...

FÉLICIE.

Ma bonne, voici le valet!...

JULIETTE.

Entrez vite, et cette fois ne craignez rien.

LORANGR.

Pardonnez-moi, je crains beaucoup, si vous saviez ce qui qui vient de m'arriver.

JULIETTE.

Est-ce vous que l'on auroit poursuivi tout-à-l'heure?

LORANGE.

Oui, Mademoiselle, ils m'ont lancé comme un cerf!.. bien m'en a pris de savoir un peu courir. Echappé de ce péril, je n'en ai pas moins risqué!...

FÉLICIE.

Avec quel zèle il sert son maitre...

LORANGE.

Si Monsieur n'avoit pas surpris nos lettres, vous auriez vû, Mademoiselle, avec quelle tendresse,... quelle délicatesse!...

JULIETTE.

Il est donc bien amoureux?...

LORANGE.

Comme un roman, Mademoiselle!

JULIETTE.

Et cet amour est venu?...

LORANGE.

Dans un bal, à la ville voisine!... Mademoiselle, ne s'y trouva-t-elle pas? chez Madame,... Madame,... oh mon dieu, j'ai oublié le nom!... cette diable de chasse!..

FÉLICIE.

En effet, voilà deux mois à-peu-près, chez madame Dorval!...

LORANGE.

Madame Dorval!... c'est celà!... mon maître, que vous ne remarquâtes peut-être point, et qui revenoit de l'armée, se trouva là par hasard, il vous aperçut, et soudain, il resta muet, de surprise et d'admiration!...

FÉLICIE.

Juliette, voilà comme les grandes passions commencent!...

JULIETTE.

Oui, Mademoiselle! ne pouvoir pas parler d'abord, et n'avoir bientôt plus rien à se dire, voilà comme toutes les grandes passions commencent et finissent!...

FÉLICIE

Après!...

LORANGE.

Malgré les ordres de son père qui le mandoit à Paris pour le marier!... ce qu'il a refusé!

FÉLICIE.

C'est comme moi!...

LORANGE.

Dès le lendemain, nous vînmes nous établir dans les environs de ce château. Enfin, n'y tenant plus, nous finîmes par escalader les murs du parc!...

FÉLICIE.

Comment se fait-il, que je ne l'aye pas encore aperçu?

LORANGE.

Ce n'est pas étonnant!... de crainte de vous compromettre, il ne paroissoit que lorsque vous ne pouviez pas le voir! mais toutes les nuits, il venoit chanter sous vos fenêtres!...

FÉLICIE.

Comment ne l'ai-je entendu que ce matin?....

LORANGE.

Je vais vous dire!...... comme votre père nous faisoit épier, il avoit soin de chanter si bas, qu'à peine l'entendois je moi-même! emporté par le sentiment, il n'a risqué de chanter un peu plus haut... qu'aujourd'hui!

FÉLICIE.

Et mon père qui arrive tout justement!... mais si ses vues sont honnêtes, pourquoi rester si long-temps sans se déclarer?

LORANGE.

Vous avez raison!.... mais il vouloit d'abord s'être assuré de votre cœur!...

FÉLICIE.

Soit! mais pour s'assurer de mon cœur, il falloit bien qu'il se rapprochât de moi!

LORANGE.

C'est juste !... Aussi l'a-t-il essayé plus de cent fois !... mais, Monsieur étoit toujours là ; nous n'étions pas sûrs de Mademoiselle ! et quand on a quelqne délicatesse !.....

FÉLICIE.

Comme il est aimable !..... je voudrois bien connoître ses sentimens !...

LORANGE.

Si vous saviez ce qu'il pense sur l'entraînement réciproque !.. la prédestination..... amoureuse !.... enfin je crois que j'aurai plutôt fait de vous répéter ce qu'il me dit tous les jours....

FÉLICIE.

Ecoutons !....

LORANGE.

COUPLETS.

La sympathie est le lien des ames !
Lancé des cieux pour unir les amans,
Son feu divin se partage en deux flammes
Qui vont brûler deux cœurs en même temps ;
C'est ton flambeau, céleste sympathie,
Dont la clarté m'a fait voir Félicie !

La sympathie, ame de la nature,
Au sein des airs rapproche les oiseaux ;
Et dans les prés, sous les bois, la verdure,
En un seul lit fait couler deux ruisseaux ;
C'est ton attrait, céleste sympathie,
Qui m'a conduit aux pieds de Félicie !

La sympathie étend son doux empire
Sur des objets privés de sentiment ;
Penche la fleur vers la fleur qui l'attire,
Et pour jamais joint le fer à l'aimant :
C'est ton pouvoir, céleste sympathie,
Qui pour jamais m'enchaîne à Félicie !

FÉLICIE.

Ma bonne, je t'ai dit tout cela plus de cent fois !

JULIETTE, *jouant l'étonnement.*

Voilà pourtant de ces choses !......

FÉLICIE.

Et ne puis-je savoir comment il se nomme ?

LORANGE.

Daignez prendre cet anneau ! chacune des pierres exprime une des lettres de son nom. C'est une manière mistérieuse d'écrire que tout le monde connoit!......... peut-être ne saurez-vous pas lire encore dans cet alphabet!...

JULIETTE.

C'est celui des amoureux, donnez donc!

FÉLICIE.

E... D... Ciel! c'est donc Edouard qu'il se nomme!...

JULIETTE.

Le nom que vous aviez choisi!...

FÉLICIE.

Tu le vois bien, ma bonne, aimons toujours; l'amant vient quand on n'y pense pas!

JULIETTE.

Oui, Mademoiselle, et s'en va quand on y pense trop!.....

FÉLICIE, *à Juliette.*

Mais que depuis deux mois... il ne me soit pas parvenu la moindre marque de sa tendresse!...

LORANGE.

Mademoiselle, il en viendra! (*il arrive un bouquet par la fenêtre, Lorange le saisit et le présente en disant*) la voilà! C'est son hommage de tous les jours!..

FÉLICIE, *surprise.*

C'est le premier que je reçois!...

LORANGE.

Monsieur votre père aura reçu les autres!...

FÉLICIE.

Quel bouquet charmant!... quel parfum!

JULIETTE.

Le bouquet d'un amant sent toujours si bon!...

LORANGE, *tirant un billet de sa poche.*

Il m'a chargé de joindre au bouquet, ce petit envoi!...

FÉLICIE.

Un billet de lui, Juliette!

JULIETTE.

Lisez vîte, Mademoiselle!...

FÉLICIE.

Non, ma bonne, je ne dois pas!...

JULIETTE, *ouvrant le billet.*

Je ne suis pas si scrupuleuse, moi!... je ne pourrai jamais déchiffrer cette écriture!

FÉLICIE. *lisant par-dessus son épaule.*

Que dis-tu donc? mais elle est superbe! « Objet charmant de la plus ardente flamme, (*elle prend le billet*) et tu dis que cette écriture n'est pas lisible! j'ose vous adresser la dernière romance que j'ai composée pour vous! » Juliette, il fait des romances!

LORANGE.

Les amoureux, font, de tout! *(On voit Belfort écouter à la porte du fond.)*

FÉLICIE.

« Veuillez chanter le premier couplet, ce sera m'ap-
» prendre que mon amour ne vous déplait pas; chantez
» le second, ce sera m'autoriser à tout entreprendre
» pour parvenir jusqu'à vous! »

BELFORT, *bas.*

Je suis bien aise de savoir celà. Ne nous éloignons pas! *(Il disparoit.)*

JULIETTE.

Allons, Mademoiselle, chantons!...

FÉLICIE

Non, ma bonne, ce seroit justifier les soupçons de mon père.

LORANGE.

Il attend son arrêt sous la fenêtre, Mademoiselle!

FÉLICIE, *allant à la glace mettre son bouquet.*

Oh! mon dieu! s'il alloit venir... Arrangeons vite ce bouquet!... que vois-je? des mots gravés sur ce miroir!

« Je vous aime, et vous me croirez;
« Car, en lisant, vous vous verrez!

Ah! ma bonne!...

JULIETTE.

Comment ne pas chanter après celà!...

FÉLICIE.

Oui, mais le premier couplet seulement!...

JULIETTE, *prenant la guitare.*

Je vous accompagne!

LORANGE, *allant au fond.*

Et moi, je veille!

FÉLICIE.

1er COUPLET.

Dans mon cœur je sens en ce jour
Naître enfin la douce espérance;
Je cède au pouvoir de l'Amour,
Et pour toi je romps le silence!
On souffre, on gémit d'une ardeur
Qu'il faut renfermer en soi-même;
Viens presser l'instant du bonheur:
Il commence quand on dit, j'aime!

JULIETTE.

Vîte, le second couplet!

FÉLICIE.

Non, ma bonne, ce seroit l'autoriser à venir ici.

LORANGE.

Si vous ne chantez pas, il en mourra!...

BELFORT, *se montrant.*

Ah! tu ne veux pas chanter le second couplet! *(Il disparoit et dit en dehors.)* L'impertinent!... l'audacieux!....

JULIETTE.

Oh! ciel! voici Monsieur, sauvez-vous!....

LORANGE.

Grand dieu! la porte qui conduit au jardin est fermée!

JULIETTE.

Vite, derrière ce meuble!.. *(Il se cache derrière la toilette.)*

FÉLICIE.

Je tremble!....

SCÈNE VII.

Les mêmes, BELFORT.

BELFORT.

Coquin de valet! si je le trouve, cette canne ne sera brisée que sur son dos!...

LORANGE, *à part.*

Je sais du moins ce qui m'est réservé, ... c'est charmant!.....

BELFORT, *à part.*

Ah! tu ne veux pas!........ je crois que vous chantiez tout-à-l'heure! mademoiselle!

FÉLICIE.

Moi, mon père!

BELFORT, *s'asseyant.*

L'air que vous chantiez m'a paru joli,...... la musique me calmera peut-être un peu.......... continuez s'il vous plait....,

FÉLICIE.

Mais mon père!....

BELFORT, *frappant de sa canne.*

Allons, le second couplet...

LORANGE, *à part.*

C'est le père qui va la faire chanter maintenant !...

JULIETTE.

Puisque c'est Monsieur qui l'exige !....

BELFORT.

Eh bien, Mademoiselle, commencerez-vous ?....

FÉLICIE.

Puisque vous le voulez absolument, mon père !........ (*à part*), ce n'est pas ma faute au moins !.....

IIe COUPLET.

Quand on aime un objet charmant,
De loin, l'on ne peut bien le dire,
On est toujours plus éloquent,
Lorsqu'on le voit et qu'on l'admire !
Alors tout s'exprime à-la-fois,
Gestes, regards, silence même !....
(*En baissant la voix.*)
Viens donc, c'est trop peu de la voix
Pour bien nous dire qu'on nous aime !,...

BELFORT.

Eh bien ! qu'avez-vous, Mademoiselle ? allons donc !..

FÉLICIE, *en hésitant, et élevant la voix.*

Viens donc, etc.

BELFORT.

Pas mal ! Mademoiselle, pas mal !

ÉDOUARD, *en dehors.*

Oui, j'aurois trop peu de la voix
Pour bien te dire que je t'aime !

BELFORT.

Qu'entends-je ? c'est cet amant !

LORANGE, *à part.*

Oh mon dieu !... il va me faire assomer !..

BELFORT.

Et devant moi, vous osez l'engager...

FÉLICIE.

Mon père, c'est vous qui m'avez forcée...

BEFFORT.

Retirez-vous, et rentrez dans votre appartement !

FÉLICIE.

Oh ciel ! que va-t-il se passer... (*Elle sort.*)

BELFORT, *la suivant.*

Allez, Mademoiselle.

LORANGE, *bas.*

S'il pouvoit s'en aller aussi !

SCÈNE VIII.

BELFORT, LORANGE, JULIETTE.

BELFORT, *allant droit à Lorange, et frappant un grand coup de canne sur la toilette derrière laquelle il est caché.*

Et toi, coquin, tu crois que je ne t'ai pas vû...

LORANGE, *paroissant.*

Comment, Monsieur, vous m'avez vû?...... j'ai bien l'honneur de vous souhaiter le bon jour... *(Il s'enfuit, et rencontre Dorimont à la porte par laquelle il sort.)* Oh ciel! M. Dorimont!...

DORIMONT, *le saisissant au collet.*

Ah coquin, je vous tiens enfin!

(Dorimont l'emmène.)

SCÈNE IX.

BELFORT, JULIETTE.

JULIETTE.

M. Dorimont est ici! ah, je vois que vous savez tout, Monsieur, je vais tout vous dire!...

BELFORT.

Je n'ai plus besoin de votre confidence, mais de votre discrétion. Rejoignez ma fille, dites-lui que je vais la conduire loin d'ici, que l'amoureux s'est introduit dans cette chambre, qu'elle n'a que ce moment pour le connoître.

JULIETTE.

Elle est trop sage pour y venir, elle n'y viendra pas, Monsieur.....

BELFORT.

Songez qu'il s'agit ici de la corriger,...... et que vous avez à réparer de certains torts,..... vous avez servi l'amour, servez maintenant la raison!....

JULIETTE.

C'est moitié plus qu'une femme ne doit! n'importe, un père ne peut vouloir que le bonheur de sa fille, et je vais tout faire pour vous l'amener. *(Elle sort.)*

BELFORT, *seul.*

Je crois que le Colonel monte à l'assaut; voilà le moment de prendre ma revanche. *(Il se colle contre la fenêtre.)*

SCENE X.

ÉDOUARD, BELFORT.

ÉDOUARD, *entrant par la fenêtre.*

Y a-t-il quelqu'un?

BELFORT, *lui saisissant la main.*

Donnez-vous la peine d'entrer, M. le Colonel!

ÉDOUARD, *surpris et entrant.*

C'est, je crois, le Commandant de la place qui veut bien me recevoir sur la brêche!..

BELFORT.

Il me paroit que M. le Colonel a l'habitude des escalades.

ÉDOUARD.

La dernière forteresse où j'ai pénetré, c'étoit par une embrâsure de canon!

BELFORT.

Et M. le Colonel prend mon château ponr une ville ennemie!

ÉDOUARD.

Monsieur, vous cesserez d'être étonné de ma témérité, quand vous saurez qui je suis, quand vous connoîtrez mon nom!

BELFORT.

Monsieur, je sais tout cela!

ÉDOUARD.

Comment vous le savez!....

BELFORT.

Oui, Monsieur, vous êtes un téméraire, un audacieux, le nom qui vous appartient, c'est celui d'insensé, d'imprudent!...

ÉDOUARD, *vivement.*

Monsieur! *(à part.)* Doucement, c'est mon beau père! mille pardons, mais vous reconnoîtrez sans peine qu'aucun de ces noms là ne me convient, quand je vou aurai dit que je n'ai fait tout ceci que pour m'assurer d cœur de votre fille,... que c'est à moi que vous la dest nez, que je suis en un mot le colonel Edouard, le fils de votre ami Dorimont!

BELFORT.

Comment, c'est vous !.... ah! mon ami, que je vous embrasse !........ Pardon, si je ne vous ai pas reconnu d'abord, mais votre père ne m'avoit pas averti que vous arriveriez chez moi par la fenêtre! mais je suis désolé; car, ce bon Dorimont m'ayant écrit que vous ne vouliez pas vous marier, je viens de disposer irrévocablement de la main de ma fille !........ mais je n'en suis pas moins ravi, moins enchanté !...

ÉDOUARD.

Monsieur, j'étois le premier en date, et quel qu'il soit, je jure que je saurai la disputer à l'odieux rival !..

BELFORT.

Disputez-là lui donc tout de suite, car le voilà !...

SCÈNE XI.

BELFORT, ÉDOUARD, DORIMONT.

ÉDOUARD.

Que vois-je ? mon père !

DORIMONT.

Eh quoi, c'est toi mon cher fils! tu viens pour assister à mes nôces !....

ÉDOUARD.

Comment, mon père, c'est vous qui prétendez épouser la fille de M. de Belfort?...

DORIMONT.

Quand les jeunes ne veulent pas se marier, il faut bien que les vieux se marient! oh, j'ai là ton refus! je suis en règle !...

ÉDOUARD.

Allons! vous voulez vous venger d'avoir été dans l'erreur pendant quelques instans!

BELFORT.

Nous n'y étions parbleu pas! mais pour te faire aimer de ma fille, tu n'as fait que la confirmer dans ses folies! Etourdi, tu n'as songé qu'au présent, le devoir des pères est de songer à l'avenir, je l'entends!...... suis ton rival, et fais ce qu'il te dira, si non, point de mariage!

ÉDOUARD.

Les excellens pères, je vois qu'ils ne veulent me la donner que parfaite! *(Il sort avec Dorimont.)*

BELFORT, *seul.*

La voici,... elle résiste! tant mieux!....... la pauvre petite, comme elle tremble, et qui va-t-elle trouver?... son père!...

SCENE XII.

BELFORT, JULIETTE, FÉLICIE.

JULIETTE, *en dehors.*

Venez, et ne craignez rien! je prends tout sur moi. Que vois-je?

FÉLICIE.

Ciel! mon père!

BELFORT.

Fort bien, Mademoiselle! c'est-à-dire que vous veniez ici dans l'espoir de trouver ce téméraire!

FÉLICIE.

Mon père, je ne venois que pour lui dire que je ne voulois pas lui parler!...

JULIETTE.

Je le croyois ici, je me suis trompée, mais le voilà, je l'apperçois!...

BELFORT.

Puisqu'il est là, qu'il entre à l'instant!

FÉLICIE.

Mon père, ne vous emportez pas, de grâce!

BELFORT.

Nullement!...... vous êtes persuadée que cet inconnu vous convient!

FÉLICIE.

Est-ce qu'il n'y a pas de ces avis du cœur!.. demandez à Juliette, si tout ne dit pas que c'est là, l'être qui m'est destiné!

BELFORT.

Qui vous est destiné!.... C'est possible!..... d'après les renseignemens que j'ai pris, je ne serois même pas éloigné!.... pour me tranquilliser sur l'avenir, je te demande seulement une chose, c'est de ne pas regarder cet inconnu, quand il paroîtra!...

FÉLICIE.

J'y consens, mon père, et je suis bien sûre!...

JULIETTE.

Le voici, Mademoiselle !

FÉLICIE, *à Juliette.*

Ressemble-t-il au portrait ?....

JULIETTE.

Un air de famille !

BELFORT.

Ne regardez pas !...

SCÈNE XIIIe et dernière.

JULIETTE, BELFORT, FÉLICIE, (DORIMONT, ÉDOUARD, LORANGE ensuite dans le fond.)

MORCEAU D'ENSEMBLE.

FÉLICIE, *sans regarder.*

Quel trouble, quel frémissement,
Au fond de mon cœur vient de naître !

JULIETTE.

Il vient, il approche en tremblant !

BELFORT.

En ces lieux je le vois paroître !

FÉLICIE, *à Juliette.*

Si l'amour qu'en lui j'ai fait naître,
Étoit son premier sentiment !

JULIETTE, *regardant Dorimont.*

Il seroit temps, assurément !

ÉDOUARD, LORANGE, *dans le fond.*

Approchons-nous tout doucement !

DORIMONT, *à part, s'avançant et prenant la main de Félicie.*

Elle me croit un jeune amant !

FÉLICIE, *sans regarder.*

Il prend ma main avec ivrese !

BELFORT, *empêchant sa fille de se retourner.*

Qu'éprouvez-vous en ce moment ?

FÉLICIE.

Ah ! sur son cœur comme il la presse !

TOUS.

C'est s'y connoître assurément !

FÉLICIE, *à Belfort, tenant la main de Dorimont*	BELFORT, *à part.*
Mon cœur s'émeut; mon cœur palpite,	Pour un vieillard son cœur palpite;
Lorsque je tiens cette main-là?	Le bon tour que je lui fais là ?
A chaque instant il bat plus vîte ;	Tout-à-l'heure il battra moins vîte,
Oui, c'est bien lui, c'est celui-là !..	Et la leçon la guérira !

DORIMONT, *à part.*	ÉDOUARD, *à part.*
Un jeune cœur pour moi palpite ;	Pour mon père son cœur palpite ;
Devois-je m'attendre à cela !	Je suis fort jaloux de cela !
Tout-à-l'heure il battra moins vîte !	Tout-à-l'heure il battra moins vîte !
Et la leçon la guérira!	Et la leçon la guérira !

LORANGE, *prenant la main de Juliette.*	JULIETTE, *regardant Lorange.*
Mon cœur s'émeut, mon cœur palpite !	Son cœur s'émeut, son cœur palpite,
Quand je saisis cette main-là !	Quand il saisit cette main-là !
Quand je la baise, il bat plus vîte,	Mais je crains qu'il batte moins vîte,
Et jamais il n'en guérira !	Quand pour l'hymen il la prendra !

BELFORT.

Puisque c'est lui qui doit te plaire,
Il n'est plus d'obstacle à tes vœux;
Regarde !...

FÉLICIE, *se retournant.*

Oh ciel ! il est affreux !

ÉDOUARD, *à part.*

Ah ! comme elle arrange mon père !

BELFORT.

Que dis-tu du jeune amoureux?...

ENSEMBLE.

FÉLICIE, *à part.*	TOUS.
Mon cœur, d'effroi bat et palpite :	Son cœur, d'effroi bat et palpite :

Non, ce n'est pas cet amant-là	Quand elle voit cet amant-là;
Pour qui mon cœur battoit si vite;	Ce n'est plus l'amour qui l'agite,
Non, ce n'est pas cet amant-là!	Et la leçon la guérira!

FÉLICIE.

Ma bonne, il est impossible que ce Monsieur soit le colonel.

JULIETTE.

A son âge, il devroit être au moins réformé! il faut qu'ils soient deux!

BELFORT.

Allons mon enfant, je te permets d'obéir aux avis du cœur, qui t'ont désigné Monsieur ... c'est un jeune homme respectable et d'une naissance!....

DORIMONT.

Très-ancienne, Mademoiselle!

FÉLICIE.

Mon père, je reconnois toute la fausseté de mon système; me sacrifierez-vous à quelqu'un que je ne saurois aimer!

DORIMONT, *à part.*

Que c'est aimable pour moi!

BELFORT.

Comment, Mademoiselle, vous l'adoriez sans le voir, et maintenant que vous le voyez!...

FÉLICIE.

C'est pour ça mon père!...

JULIETTE.

Encore si vous nous proposiez un mari qui ressemblât à ce portrait!...

FÉLICIE.

Oui, mon père qu'il s'en présente un tout semblable! *(elle se retourne et apperçoit Edouard qui s'avance).*
Oh ciel! quelle ressemblance! mon père, mon père! oh c'est bien celui-là!

BELFORT.

Allons donc, Mademoiselle, vous accepteriez à présent, celui que vous refusiez tantôt, le fils de M. Dorimont!...

FÉLICIE.

Il se pourroit! quoi, Monsieur vous seriez?

ÉDOUARD.

Oui Mademoiselle, celui qui vous étoit destiné, qui vous adora du premier regard !...

FÉLICIE.

Comment ! tous les récits de ce valet n'étoient donc ?....

LORANGE, *prenant le bras de Juillet.*

Qu'une industrie, pour mériter la récompense dont je m'empare !

FÉLICIE *à Edouard.*

Eh quoi, Monsieur, m'avoir abusée de la sorte ?..

BELFORT.

Tu as raison ma fille, c'est une indignité ! tu épouseras son père !...

FÉLICIE.

Je ne dis pas cela !....

BELFORT.

Eh bien ! mon enfant ton cœur a battu pour celui-ci, tu ne voulois pas de celui-là, juge à présent de ces pressentimens, de ces préventions !...

FÉLICIE.

Croyez que la réalité du bonheur va me faire renoncer pour jamais à toute idée romanesque, à la lecture même des romans !... sais-tu ma bonne que nous pourrions en faire un très-joli de cette aventure !

JULIETTE.

Un roman contre les romans !... ce seroit le plus moral !...

CHŒUR FINAL, *au Public.*

De son erreur elle est guérie ;
Mais n'allez pas en guérir tous :
Puisse une heureuse sympathie
Vous ramener toujours vers nous !

FIN.

De l'Imprimerie de DOUBLET, rue Gît-Cœur, n° 7.

www.ingramcontent.com/pod-product-compliance
Lightning Source LLC
LaVergne TN
LVHW010002230826
846092LV00002B/600